甲骨卜辞菁华

军制篇

郭旭东 ◎ 著

安阳师范学院甲骨文研究院

甲骨学与殷商文化研究丛书

郭旭东 ◎ 主编

文物出版社

图书在版编目（CIP）数据

甲骨卜辞菁华. 军制篇 / 郭旭东著 . –– 北京：文
物出版社，2023.8
ISBN 978–7–5010–7354–2

Ⅰ. ①甲⋯　Ⅱ. ①郭⋯　Ⅲ. ①甲骨文－研究　Ⅳ.
① K877.14

中国版本图书馆 CIP 数据核字（2022）第 001343 号

甲骨卜辞菁华·军制篇

著　　者：郭旭东

责任编辑：安艳娇
装帧设计：谭德毅
责任印制：王　芳

出版发行：文物出版社
社　　址：北京市东城区东直门内北小街 2 号楼
邮政编码：100007
网　　址：http://www.wenwu.com
经　　销：新华书店
印　　刷：宝蕾元仁浩（天津）印刷有限公司
开　　本：710mm×1000mm　1/16
印　　张：6.5
版　　次：2023 年 8 月第 1 版
印　　次：2023 年 8 月第 1 次印刷
书　　号：ISBN 978–7–5010–7354–2
定　　价：45.00 元

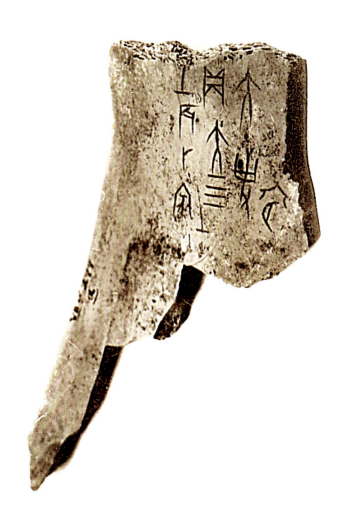

"立三大使"卜辞（《甲骨文合集》5506）

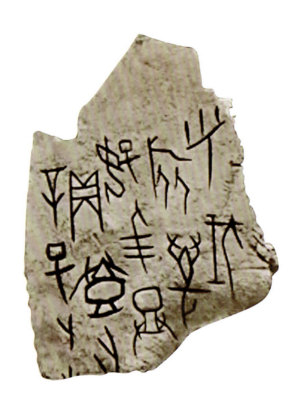

"登妇好三千"卜辞（《英国所藏甲骨集》150正）

"登射百"卜辞（《甲骨文合集》5760正）

"肇旁射" 卜辞（《甲骨文合集》5776正）

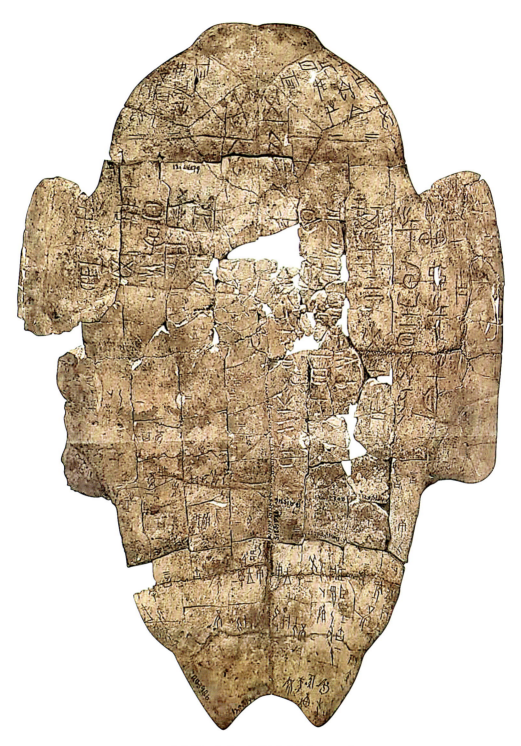

"车弗戈" 卜辞（《甲骨文合集》6834正）

"车二丙"刻辞（《甲骨文合集》36481正）

凡　例

一、"甲骨卜辞菁华"丛书包括商王名号篇、军制篇、战争篇、气象篇、祈年篇、天神篇、梦幻篇、风俗篇、书法篇九册。每册书名采用"甲骨卜辞菁华·某某篇"形式。

二、本丛书所收录甲骨片皆精选内容重要、片形较为完整、字迹较为清晰的甲骨拓片。个别片于书前附其彩图，部分片采用缀合后的拓片。拓片图为单辞条者，一般在前给出能看清刻辞的图版；而多辞条选取一二且不易区分者，前放局部以便分辨刻辞，后放整体以见整片全貌。

三、每片甲骨由整理者根据卜辞主旨拟定名称，具体格式为"某某"卜辞。

四、注释部分由释文、拓片信息、辞语解析及卜辞大意组成。其中，释文以竖排简体形式列于篇名之侧；拓片信息简略介绍所选甲骨片的分期、拓片来源；辞语解析以条目形式，对释文中的重点字词、语法特征及重要历史人物、典章制度等进行简略注释；卜辞大意则是阐述所选相关卜辞的主旨大意，部分卜辞附有相关背景知识的介绍。

五、释文加现代标点，以保证文本的可读性。卜辞中的常见字原则上使用简体中文；部分罕见字为保持原字形架构使用繁体字；而难以隶定之字，则采用原甲骨字形标示。

六、对于原甲骨片中字迹磨灭、缺失及模糊难以隶定的情况，释文中以一"□"标示一字，以"……"标示字数不确定。凡残缺但能据上下文意补定之字，在补定的文字外加"[ ]"标示。

七、为了方便阅读，原甲骨片中的古今字、异体字、通假字，皆随释文直接写成今字、本字，不再另加标示符号，直接在注释中加以说明。

八、丛书所选刻辞甲骨分别采自《甲骨文合集》《小屯南地甲骨》《殷墟花园庄东地甲骨》与《小屯村中村南甲骨》等，正文中多用著录简称，每册后则附录有"甲骨文著录简称与全称对照"表。

九、丛书甲骨文分期采用董作宾的五期断代法，具体如下：第一期，商王武丁及其以前（盘庚、小辛、小乙）；第二期，商王祖庚、祖甲；第三期，商王廪辛、康丁；第四期，商王武乙、文丁；第五期，商王帝乙、帝辛。

十、本书的"辞语解析"部分中参考和选用了已有的甲骨学研究成果，为保持版面美观而不随行文注明，以"参考文献"的形式附录于书后。

前　言

殷商时期，商王朝为了开疆辟土以及抵御外方侵扰，建立了自己的军事组织，包括王室军队、贵族军队和诸侯武装，并初步形成了简略的军事制度。随着时间的推移以及战争的实际需要，商王朝军队中的编制、兵种、官职、装备等要素得到了不断的完善和发展，不仅开早期军制之先河，同时也对后世的军事制度产生了重要影响。

从殷墟出土的甲骨卜辞材料来看，商王朝从武丁时期开始已经建立了以"师""旅""行""戍"为名的军事组织，并且形成了左、中、右三师、三旅的编制单位。后来，三"师"又进行了扩建。"师"既是军队名称，也是一级军事编制。结合历史文献推知，商代一师的规模可能为万人左右。卜辞中称"王师""王旅""我师""我旅"的，指的是商王室国家军队，乃王朝常备军。除此之外，还有如"垔师""吴师""雀师"之类的诸侯军队以及"王族""子族""三族""五族"这样的贵族军队。

商代的兵制起初采用的是常备兵和临时征集并行的体制，在武丁时期尤为明显。至后期，卜辞里有关征兵的记录几乎不见，可知国家已经不再使用临时征集兵员的办法了。就卜辞而言，"登人""共人""冒人"用于战争的记录，为武丁王朝实行战时征兵的真实写照。所征召兵士，多为族众，这些族众平时从事农业、手工业等生产活动，战事需要时，则被征集为兵士组成军队出征。卜辞中，所征兵员人数以"千"为单位，多见"三千""五千"，据此可研究师、旅编制人数。

商代的兵种，甲骨文也有较多记载，主要有步军、骑兵、车军、舟军和射军。其中以步军为主，甲骨文多见"步伐"一词以及以"行"为军队编制即是反映。射手则多以"百"为单位，卜辞常见"三百""五百"被征召或致送。作为守卫部队的"戍"也以左、中、右为编，甲骨文中也多见其参与军事活动，但以守卫一地为主，故担当者多为贵族武装。另外，甲骨文里有反映车用于战争的记录，车军存在已不容怀疑，唯战车需与步卒、射手形成组合才能成军，这为后世战车与射手搭配组成百乘、千乘戎车提供了参考。商代有无骑兵学界过去曾有争议，但殷墟考古发掘说明殷人已经掌握骑乘技术，卜辞中的"先马""肇马"即是商代出现骑兵的证据，其编制也采用左、中、右模式。而舟军则是商王朝为了适应江、河作战需要建立的武装。"使""多犬"则是特殊情况下的具有军事组织性质的武装团体。

商代的军事官职，卜辞中记有"亚""多马亚""小多马羌臣"等，表明殷人在这方面已经按照军队性质进行了细分。至于"师""旅"等军旅的官职，惜卜辞未有明载，但古籍上有"师长""师氏"之名，或是高级武职，甲骨文中的"师某"也许就是军事官职加私名的表现形式。

总体而言，作为古代"国之大事"之一的军事活动，在殷商时期比较频繁，甲骨文中数量巨大的与征伐相关的卜辞即可证明。在此过程中，商王朝的军事制度为适应战争需要而不断完善。后世所见的兵种、军事编制、武职分工等均已存在并趋向成熟。如师、旅武装、左、中、右的建制等，无不体现了殷人的智慧，也对两周以及更后的军制产生了深远的影响，"周因于殷礼"之说仅从军制的角度来观察，显然并非虚言。

目　录

三 军种

一　军事组织

（一）师

『师亡祸』卜辞

丙子卜，争贞：师亡祸？十一月

第一期

《甲骨文合集》4249

辞语解析

1. 丙子，干支日，殷商时期的纪日法。

2. 卜，字作"卜"，即占卜。殷人迷信，遇事必向鬼神占问吉凶。

3. 争，字作"争"等形，为负责本次占问的贞人名。"争"是甲骨文分期中第一期著名的贞人，卜辞习见。

4. 贞，字作"鼎""鼎"等形，意思为占卜贞问。《说文》："贞，卜问也。"

5. 师，字作"𠂤"等形，殷商时期军事组织的称谓，隶定为"𠂤"。商承祚指出："𠂤与阝为一字，即故师字也。"孙海波认为："𠂤之本意为小阜，古者都邑必宾附丘陵，都邑为王者之居，军旅所受，故𠂤有师意。"

6. 亡祸，亦释"亡咎""亡繇"等，卜辞成语，"亡"通"无"，"亡祸"即没有灾祸之意。

卜辞大意

这是一条关于军队有无灾祸的卜辞。大意是，丙子日举行占卜，贞人争向神祖贞问："军队没有什么灾祸吗？"占卜时间为十一月。

『师往衛』卜辞

癸丑卜，殼贞：师往衛，亡祸？

第一期

《甲骨文合集》7888

辞语解析

1. 殼，字作"𣪊"等形，甲骨文分期中第一期著名的贞人。

2. 往，字作"㞷"等形，动词，去、前往的意思。

3. 衛，即"卫"字，甲骨文中有多种写法，如"𧗽""𢻹"等。叶玉森认为此字从行，象宫路四通；从㙁，象足迹环守；从方，象悬刀于架，以表守卫。"衛"在甲骨文中，用法多样，或作人名、族名，如"甲寅卜，殼贞：衛致宰，率用？二告"（《合集》555）；或作官名，如甲骨文中多见的"多射衛""多犬衛"等；或作祭名，如"甲申卜，王大衛于多母？"（《合集》19971）；或作守卫和保卫，在本条卜辞里，"衛"字即作守卫之意。

卜辞大意

这是一条关于军队宿卫的卜辞。大意是，癸丑日占卜，贞人殼卜问："军队前往某地宿卫，不会有灾祸降临吗？"

『土眾師步』卜辞

1 辛丑卜，今日步？一

2 土眾師步？

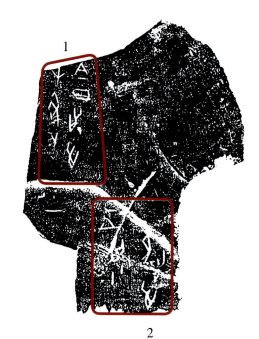

1

2

第一期
《甲骨文合集》4245

甲骨卜辞菁华·军制篇

辞语解析

1. 步，字作"𣥂"等形，如两脚同向前行，引申为步行、徒步、行进。

2. 土，字作"Ω""Ω̇"等形，象地面土堆状，本义指土地。甲骨文中其义较多：一是作为方国名，如"土方"；二是用为疆域名，如"东土""南土"等；三是指土地神，如"宁风于土"（《合集》34055）。这里的"土"指土地神，意思为了让大风停下来而向土地神致祭。古代又认为土地神即社神，《公羊传·僖公三十一年》："天子祭天，诸侯祭土。"何休注："土谓社也。"《玉篇》："社，土地神主也。"本辞中的土即指社主神牌。古代征战，为了言必有尊，往往以齐车载庙主及社主牌位随行，军中的社主又称为"军社"。载社出征乃古代军事礼仪内容之一。

3. 眾，字作"𦣻""𣆪"等形，象目垂泪接连不断状，引申为连词义的"及""暨""与"。

卜辞大意

这是一条有关军社是否与军队一起行进的卜辞。大意是，辛丑日占卜："今天就行进吗？军社和军队一起前进吗？"

『师次』卜辞

丙午卜，贞：…师于⊗自？十二月

第一期
《甲骨文合集》5813

辞语解析

1. ⊗，字不识，地名。

2. 自，字作"♀""♀"等形，即"次"字，军队驻扎之意。《左传·庄公三年》："凡师一宿为舍，再宿为信，过信为次。"刘钊认为：卜辞自作"♀""♀"等形，乃自之孳乳字，加一横以示区别，用作动词，义为"次"，谓军旅驻扎。

卜辞大意

　　这一条关于军队驻扎的卜辞。大意是，丙午日占卜，贞问："军队于⊗地驻扎吗？"卜问时间是十二月。

『师出刻』卜辞

丙辰卜，争贞：师出刻？

甲骨卜辞菁华·军制篇

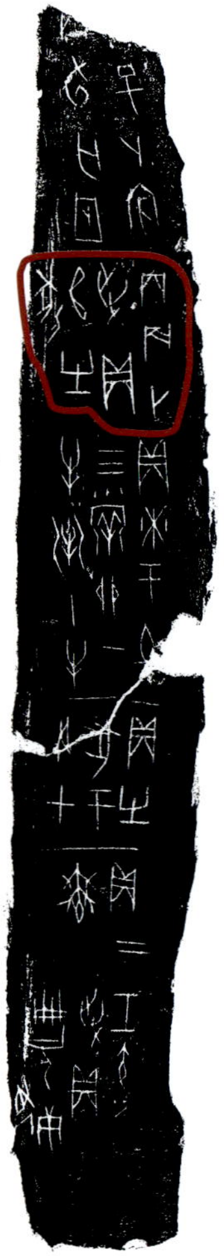

第一期

《甲骨文合集》779正

辞语解析

1. 出，意为"有"。

2. 刻，字作"𢃇""𢼄"等形，从豕从刀，表剥皮、割裂之义，本义为杀猪。或释为"剥"字，引申为军事上的杀伐义。

卜辞大意

这是一条有关军队征伐的卜辞。大意是，丙辰日占卜，贞人争卜问："军队有杀伐行动吗？"

『伐我师』卜辞

□来告，大方出，伐我师，

惟马小臣令……

第三期

《甲骨文合集》27882

辞语解析

1. 告，字作“”等形。“告”在甲骨文中一作名词，为祭祀名称，通“祰”。《说文》：“祰，告祭也。”如“来乙亥，告自上甲？”（《合集》32337）；“其告于高祖王亥，三牛？”（《合集》30447）。“告”又作动词，义为报告、告诉。本辞中的“告”即为此义。
2. 大方，商代方国名，经常侵扰商王朝边境，郑杰祥认为其地在今山东菏泽附近。
3. 伐，字作“”“”“”等形。卜辞中一作祭名或杀牲之法，如“己酉卜，侑，伐三十？”（《合集》32196）。“伐”的另一义是征伐，《说文》：“伐，击也。从人持戈。”本辞中的“伐”应是此义。
4. 我师，指商王朝军队。“我”字甲骨文作“”“”等形，本义指兵器，借用为第一人称代词。在此为商王或商王室自称。
5. 惟，字作“”等形，语助词。或释唯，或释惠，或释叀等。
6. 马小臣，商代职官名，负责统领马队或管理马匹的人。

卜辞大意

这是一条商王对臣下发布命令的卜辞。大意为：“边境有人报告，名为‘大方’的敌方出动，侵伐我们的军队，（商王）对马小臣下令（进行抵御吗）？”

『王师』卜辞

[甲]□[卜]，贞：方来□邑，今夕弗震王师？

第五期

《甲骨文合集》36443

辞语解析

1. 方，甲骨文中作“[字形]”“[字形]”“[字形]”等形，其义或说是古时农具耒的象形，起土为“方”；或说为“以刀判物”；或认为“并船”为其本义；或以为“方”“旁”同字等。卜辞中，“方”分别作族名、方国名、祭名、方向等。本辞中的“方”应指某个方国或名为“方”的方国。
2. 邑，字作“[字形]”等形，从口从卩，义为人口聚居的城邑。《释名》：“邑，人聚会之称也。”邑前一字应为动词，旧释为“入”，细观卜辞，似不确。
3. 今夕，今天晚上。

4. 震，字作"𩇕"等形，从辰从止，隶定为踬，即"震"字。《诗·大雅·常武》："徐方震惊。"警报来而惊惧、震动之义。

5. 王师，同"我师"一样，指受商王直接统帅的军队。《诗·大雅·酌》："於铄王师，遵养时晦。"王师，即商王的军队。

卜辞大意

　　本辞是一条关于军队是否骚动的卜辞。大意为："敌方入侵商王朝某个城邑，因而有警，今晚王师不会因此而骚动吧？"

『㬎师』卜辞

癸巳卜，宾贞：令伐□㬎师？

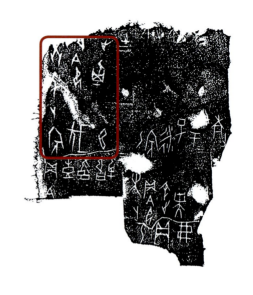

第一期

《甲骨文合集》6051

甲骨卜辞菁华·军制篇

辞语解析

1. 宾，字作"⟨宀⟩""⟨宀⟩"等形，第一期贞人名。以其为代表的贞人组被甲骨学界称为"宾组"，相关卜辞称为"宾组卜辞"。

2. 㬎师，名"㬎"的诸侯的武装。㬎，字作"⟨字⟩"等形，卜辞多见，为殷商时期的一个重要人物，卜辞中有其致送"众"、"百牛"、战俘和主持祭祀与追击敌人的记载，也有称其为"子㬎"并封"爵"的卜辞（见《合集》3226正）。可见他是王室宗亲，拥有自己的封爵、封国和军队，在王室担任"亚"类官职，可以说地位显赫。

   就甲骨文反映的情况看，商代的军事组织主要由三种武装组成：一种是商王室的军队，称"王师"和"我师"或"朕师"（《合集》36127），乃国家常备军；一种是诸侯军队，卜辞以"师"前冠有诸侯名字"某师"名之，例如本辞的"㬎师"；还有一种是贵族武装。殷商时期，许多战事均由诸侯军队承担，有时则受商王室节制，随王出征，配合协助商王军队对外进行征伐。

卜辞大意

   这是一条记录诸侯军队的卜辞。大意是，癸巳日占卜，贞人宾贞问："商王命令㬎的军队前去讨伐敌方吗？"

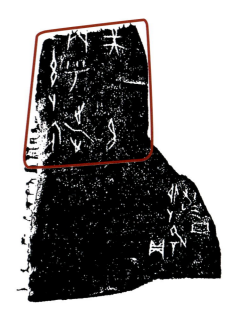

『吴师』卜辞

□午卜，宾贞：乎涉吴师？

第一期

《甲骨文合集》5811

辞语解析

1. 乎，字作"屮"等形，象呼气之形。卜辞中通"呼"，义为招呼、召唤、命令。

2. 涉，字作"⚎"、"⚎"等形，象人两脚一前一后跨水之形，义即渡水。段玉裁云："涉，引申为凡渡水之称。"

3. 吴师，名"吴"的诸侯的武装。"⚎"，在甲骨文中常见，此暂释为"吴"。"⚎"应是一方诸侯，并在王室担任负责农田耕作的"小藉臣"一类的官职，卜辞中常有其献"旨"、献"羌"、献"龟"和"叶王事"之事，也有商王为其卜问灾祸的记录，并多有其"令"人做事的卜辞，可知吴乃商王身边的重要人物，备受重视。

卜辞大意

这也是一条反映诸侯军队的卜辞。大意是，□午日占卜，贞人宾贞问："商王下令让诸侯吴的军队渡河吗？"

『王作三师』卜辞

丁酉贞，王作三师，右、中、左？

第四期

《甲骨文合集》33006

辞语解析

1. 作，字作"业"等形，隶定作"乍"，通"作"，义为建造，设立。

2. 右、中、左，字分别作"乂""毕""仄"形，即右师、中师、左师三个师的名称。从甲骨文来看，商代军队实行左、中、右的编制。本辞乃商代武乙、文丁时期卜辞，此时商王建造三师，如同《左传》中晋国"作五军"，即建立三个师的武装，这应该是一次扩军行动。因为在此之前，商王室已有"中师""右师"的名称，且一期卜辞有"立史于南，右从我，中从舆，左从曾"（《合集》5504）的记录，说明在两军对垒之际，为了战事需要，殷人已经实行以中军主力为主，左、右两军辅之的兵力部署，这样，既可以齐头并进，也可以交替掩护、彼此呼应。这是古代战阵最早的文字反映。

卜辞大意

这是一条关于商王朝扩建军队的重要卜辞。大意是，丁酉日卜问："商王新建右、中、左三个师的军队，（吉利）吗？"

『见右师』卜辞

丙午卜，缛贞：勿乎师往见右师？

第一期

《甲骨文合集》5805

辞语解析

1. 勿，字作"⟋"等形，为"刿""物"二字初文，本义为分割区分，又引申为物类、杂色等，并借用为否定词，义为"不"。本辞中的"勿"即为此义。

2. 见，字作"⟍""⟍"等形，《说文》："见，视也，从目、儿。""⟍"与"⟍"的区别在于人跪、立之别，但均突出了"目"部，说明"见"字的原始字义就是人睁眼有所"看见"的意思。甲骨文当中，"见"的用法较多。可作名词，如作族名或人名，记事刻辞有"见入三"（《合集》9267）的记录；作地名，如"丁巳，在见"（《合集》17048）；作方国名，如"方其敦见"（《合集》6789）。但更多的是作动词使用，而且词义丰富。如作一般看见义的，"翌启，不见云"（《合集》20988）；作会见义的，"见师般"（《合集》4221），这是商王见臣下之见；作觐见义的，"缶其见王"（《合集》1027），这是臣属或诸侯觐见商王之见；作监视、视察义的，"登人五千乎见舌方"（《合集》6167）；还有借用为"献"义的，"阜见百牛"（《合集》102）。本辞中的"见"，根据辞意，应是监视、督查之义。

3. 右师，辞中的"右"作"屮"，"屮"在甲骨文中多见，字义复杂，或作"又"，
   或作"有"，或作祭名"侑"等，不一而足。"屮师"中的"屮"，学者们认为
   其在此是借用为左右之"右"，即军队编制中的"右师"。

卜辞大意

　　这是一条反映殷商军队编制的卜辞。大意是，丙午日占卜，贞人𣪊贞问：
"商王不令王朝军队或名师的武官前去督查或监视右师吗？"

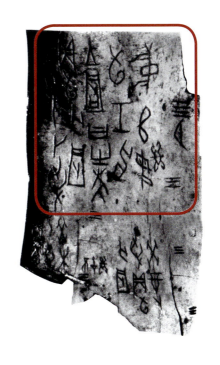

『中师』卜辞

[癸]亥卜，争贞：旬亡祸？王占曰：……有祟。旬壬申中师姍。四月

第一期
《甲骨文合集》5807

辞语解析

1. 旬亡祸，卜辞成语，意思为一旬之内没有灾祸。旬，殷人的记时法，十天为一旬。

2. 王占曰，卜辞成语，即商王亲自看过卜兆后所说的占卜结果。

3. 有祟，卜辞成语，义为有灾祸。"屮"字，此处作"有"义；祟，字作"祟"等形，或释"求"，或释"杀"，或释"蔡"，或释"裘"等，均与辞意不合。郭沫若认为："此字当读为祟，……即言人鬼为祟。"屈万里也言其为"灾祸之也"，甚确。《说文》："祟，神祸也。"甲骨文中的"祟"正是此义。

4. 中师，商代军队编制之一，即左、中、右三师中的"中师"。甲骨文里的"中"，作"中""中""中"等形，或像旗帜，或代表中间、中央。古代遇有大事，必先在旷地立一大旗，民众望而从四方趋附，立旗之地即为"中"央，"旗"遂引申为"中"。本辞乃一期武丁时期卜辞，殷王朝此时已经建立有"中师"武装，说明其还有左师和右师的军事编制。这是武丁时已经建有"三师"军队建制的证据。

5. 瀝，字作"瀝"形，灾祸词，王宇信认为为迷冥道途之义。

卜辞大意

这也是一条反映军队编制的卜辞。大意是，癸亥这天占卜，贞人争贞问："下旬会不会有灾祸发生？"商王看过卜兆后判断说："会有祸事出现。"果然在壬申日发生了中师行军迷路的事。卜问时间在四月。

本辞是甲骨文中少见的一条完整卜辞，即叙辞、命辞、占辞、验辞都具备的卜辞。其中，"［癸］亥卜，争贞"为叙辞，即记录占卜的时间和负责问卦的贞人；"旬亡祸"为命辞，即记录占卜何事；"王占曰：有祟"为占辞，即记录贞人或商王看过卜兆以后，根据卜兆所呈现的卦象所做的判断之语；"旬壬申中师瀝"为验辞，即事后应验之辞。

就目前发现所见，甲骨文中具备这四要素的卜辞不多。一般而言，卜辞多不见验辞部分，有的还省略了占辞，或仅有命辞，最常见的是只有叙辞和命辞两部分的卜辞。

（二）旅

『王旅』卜辞

□□卜，王旅……冥……

第一期

《甲骨文合集》5823

辞语解析

1. 旅，字作"𣃦"等形，为"㫃"（旗）下聚众之义。王襄最早认为该字为"古旅字"。"旅"同"师"一样，为商代军队编制之一。"王旅"同"王师"，指隶属于商王室的军事武装。

　　关于"师"与"旅"的关系，甲骨学界说法各异，有的认为"旅"为"师"的下级建制，严一萍认为"一师之下，恐是三旅"；有人鉴于商代已使用十进制，故认为一师十旅；有学者认为"旅"不是"师"下面的正规军事编制，而是民兵组织，"由众多的族氏抽调出的人组成的军事组织"，这些族兵后来仿照"师"的三编制进行组建。

2. 冥，字作"𢄼"形，灾祸词，昏暗不明之义。

卜辞大意

　　这是一条关于旅有无灾祸的卜辞。本辞残缺，大致意思是：占卜商王室的军旅是否有灾祸之事。

第一期

《甲骨文合集》5824

辞语解析

1. 我旅，同"我师"，即商王之旅或商王朝的军队。

2. 在，字作"↓""↑"等形，本为"才"字初文，象木桩插于地标记存在之形，甲骨文里常借用为"在"字。

卜辞大意

　　这是关于王室军旅的卜辞。本辞辞残，大致意思是贞问有关"我旅"在某地做事之事的。

「龢我旅」卜辞

1　己未卜，㱿贞：缶其龢我旅？

2　己未卜，㱿贞：缶不龢我旅？一月

2　　　　　　　　1

第一期

《甲骨文合集》1027正

辞语解析

1. 缶，字作"𦈢"形，为方国名和其首领名称，其地望或说在今山东定陶，或说在山西永济。缶国与商王朝的关系时好时坏，卜辞中既有其觐见商王的记录，如"己未卜，㱿贞：缶其来见王？"（见本片）；也有其被商王征伐的占卜，如"丁卯卜，㱿贞：王敦缶于蜀？二月"（《合集》6863）。

2. 龢，字作"𣢟"形，刘钊认为是"牆"的初文，读作"戕"，训"伤"和"残"。喻遂生认为该字当读为"禀"，义为供给。两说相较，并联系甲骨卜辞所反映的情况来看，前说更符合辞例实际。

卜辞大意

　　这是一条关于商王朝军旅是否遭到伤害的卜辞。两条卜辞是甲骨文例中的对贞卜辞，即从正、反两方面对一事进行占卜。大意是，己未日占卜，贞人殻贞问："缶方会对我们的军旅有所戕害、造成损失呢？还是不会造成损失呢？"卜问时间是一月。

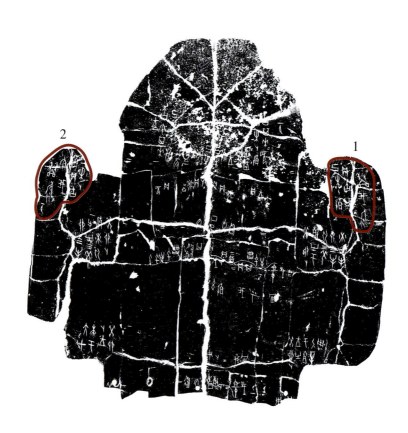

『合右旅』卜辞

……王其以众合右旅□□旅𢓊，于售𢧜？

第三期

《小屯南地甲骨》2350

辞语解析

1. 其，字作"〼"等形，形如竹箕。甲骨文中"其"常作代词或副词，本辞中用作副词。

2. 合，字作"合""合""合"等形，象器盖与器皿上下相合，即"盒"字初文，本义为盒子、盖合，引申为共同、聚合。

3. 右旅，如同"右师"，说明在商代军事组织中，旅一级军队的建制也是分为左旅、中旅、右旅三种。据《屯南》2328辞例，"右旅"之后为"眔左旅"，意思是右旅与左旅联合作战。

4. 甾，作""等形。就其字形而言，甲骨文学家说解甚多，或释"关"，或释"春"等。在甲骨文中一作名词，为地名、人名或族名，如"使人于甾？"（《佚》41）；作动词使用较多，且经常与"伐"字连言，如"皋以众甾伐召方，受佑？"（《粹》1124），其义与"伐"字相近，姚孝遂、肖丁认为它"乃指某种具体的军事行动而言……甾伐疑为追击之义"。

5. 雔，字作"雔"形，地名。

卜辞大意

这是一条关于商代军事武装旅的编制的卜辞。大意为："商王致送兵众合同右旅（以及左旅）联合对敌方进行追击掩杀，在雔地能给敌人以沉重打击吗？"

『振旅』卜辞

丁丑王卜，贞：其振旅延迆于盂，往来亡灾？王占曰：吉。在……

第五期

《甲骨文合集》36426

辞语解析

1. 振旅，即整训军队。振，字作"⬚"等形。振旅是古代军礼之一，《周礼·大司马》云："中春教振旅，司马以旗致民"，"中秋教治兵，如振旅之阵"。《左传·隐公五年》："三年而治兵，入而振旅。"杜预注云："振，整也。""旅，众也。"古籍中的"振旅"，一是以田猎形式进行军事演练，即文献所说的"习战"；另一个是征战凯旋时举行的军事校阅活动。

2. 延，字作"𧾷"等形，隶定作"征"，本义指走长路，引申为延续、连续不断的意思。

3. 𧻐，字作"𧾷"形，读"过"，含有前往的意思。

4. 盂，字作"𥁑"形，地名。

5. 往来亡灾，卜辞成语，即往返均无灾祸。

卜辞大意

　　这是一条有关军队整训的卜辞。大意是，丁丑日商王亲自占卜："军队进行训练并连续不断经过盂地，往返没有什么灾祸吗？"商王看过卜兆后判断说："吉利。"

（三）行

『王行』卜辞

乙巳卜，出［贞］：
王行逐……

第二期
《甲骨文合集》24445

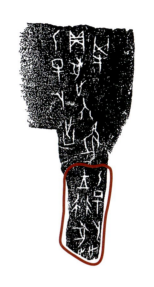

辞语解析

1. 出，字作"凵"等形，象人脚外出之形，义为出来，在此为甲骨文分期中第二期贞人名。

2. 行，字作"彳"状，如同十字街道形，表示道路，引申为行列、队伍。在甲骨文中，"行"字用法有多种，有作人名的，如第二期甲骨卜辞中贞人"行"；有作行走义的，如"乙丑，王不行自雀"（《乙》947）；也有作军队行列义的，如《合集》26896中，就记录了用"行"去"戈𢼦人"的事情，说明这种"行"应为"军行"，乃是军队的一种名称。"王行"，指商王朝的军队。

3. 逐，字作"逐"等形，从豕从止，义为追赶野猪。《说文》："逐，追也。"甲骨文中，"逐"字还有从兔从止、从犬从止的，不一而足，止上均为动物形。"逐"是殷人田猎方法之一，也是一种打仗方式。

卜辞大意

　　这是一条有关商代军行的卜辞。大意是，乙巳日占卜，贞人出贞问："商王朝军行前去追逐（野兽）或者（敌人）吗？"

　　在殷商时期，军队狩猎活动也是军事演习行动和蒐礼内容。

『东行』卜辞

1 惟旃用东行，王受佑？

2 惟□……从上行左旃，王受佑？

3 惟□右旃，王受佑？

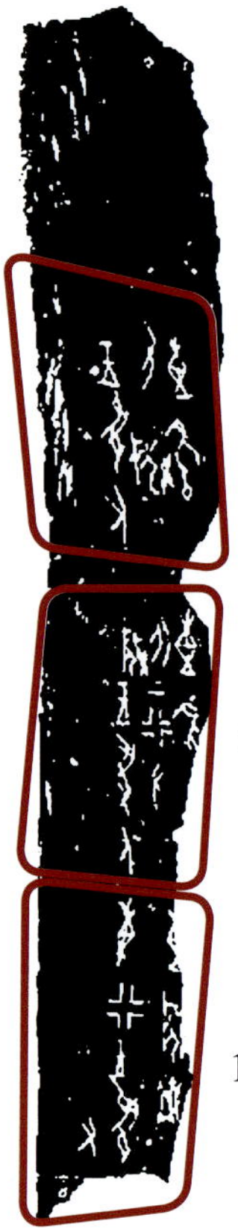

第三期

《怀特氏等收藏甲骨文集》1464

辞语解析

1. 旃，字作“□”形，寒峰认为是军行的旗帜，或认为是人名。从字形和辞义来看，理解为旗帜较为合理。
2. 东行，“东”字作“□”形。东行，指军行中位置在东的军行。
3. 王受佑，卜辞成语，即商王能够受到神祖的保佑。
4. □，人名，不识。
5. 从，字作“□”形，或释“比”，相从、跟随之义。

6. 上行，上字作"⌣"形，从卜辞看殷代军行的编制同师、旅一样，也分左、中、右，如《怀特》1504有"中行"，《合集》19755中有"右行"的记录，本辞中也记有"左旆""右旆"。殷人尚左，本条卜辞中的"上行"应是指左行，"左旆"可以说明。

卜辞大意

　　这是一条反映商代军行编制的卜辞。本辞一是卜问军旗用于东行，商王是否能够受到保佑；二是卜问𢎤随左行还是右行行动，商王才能够受到保佑。

第三期

《怀特氏等收藏甲骨文集》1581

辞语解析

1. 大行，大字作"大"形，指军行中较大的编制，从卜辞记载的情况看，至少应该在千人以上。

卜辞大意

这也是关于军行建制的卜辞。大意是，辛酉日占卜，卜问："军事行动要动用较大编制的军队吗？"

『義行』卜辞

1　戍惟義行用，遘旐方，有戋？

2　弜用義行，弗遘旐方？

第一期

《甲骨文合集》27979

辞语解析

1. 義行，名"義"的军行。義，字作"𦙁"形。在甲骨文中其为地名，如"……中牧于義，攸侯屮鄙？"（《合集》32982），故"義行"应指执行戍守任务的義地军队。

2. 遘，字作"𦥑""𦥯""𦦨"等形。在甲骨文中用法多样，或作人名、地名，抑或作祭名。在此用作动词，有遭遇、遇见之义。

3. 戋，字作"𢦏"形。《说文》："戋，伤也，从戈才声。"此字有人释"戋"，有人释"败"，等等。

卜辞大意

　　这是一条有关军行的卜辞。大意为："用義行担负戍守任务，遭遇旐方，会对其造成伤害吗？""不用義行担负戍守任务，不会遭遇旐方吗？"

（四）戍

『戍䏁』卜辞

□丑卜，戍䏁毭方……

甲骨卜辞菁华·军制篇

第三期

《甲骨文合集》27977

辞语解析

1. 戍，字作"𢎥"形，《说文》："戍，守边也，从人持戈。"郭沫若指出："戍示人以戈守戍，人立在戈下。"解释十分贴切。"戍"在甲骨文中，或作动词，使用时为戍守边境之义。作名词时则指的是军事组织，姚孝遂认为"指戍边军旅而言"。

2. 毭方，商代敌对方国，位于殷西。甲骨文中其基础字形作"𠂤"，在此之上又孳乳出多种写法，如"𣎵""𣎳""𠂤"等，本辞的写法即是其中之一。从甲骨文记载情况看，羌方是殷商劲敌，双方连年攻伐不断，殷人常把俘获的羌俘用作牺牲去祭祀神祖，或当作奴隶使用。

卜辞大意

　　这是一条有关军事武装"戍"的卜辞。大意为：商王是否命戍守部队去追击羌方。

『五族戍』卜辞

□丑卜，五族戍，弗雉王［众］？·吉

第三期
《甲骨文合集》26880

辞语解析

1. 五族，指五个族。族，字作"𝍸""𝍷"等形，为旗下聚矢义，乃"镞"字初文，后引申为族类之称。"族"也是殷商时期的一种军事组织，为贵族武装，甲骨文中常见其执行军事任务，如"王惟羕令五族戍羌方"（《合集》28053）。

2. 弗，字作"弗"等形，否定词，义为不、不会、不能等。

3. 雉，字作"𝍶"等形，其字义众说不一，仁智各见，其中主要有两种：一种是于省吾主张的"夷伤"说；一种是陈梦家主张的"陈列"说。本辞采用"夷伤"说。

4. 王众，指商王的族众，五个族可能是与商王室有血缘关系，故其族众亦称"王众"。

卜辞大意

这是一条关于商代贵族武装的卜辞。大意为，卜问："五个与商王室有血缘关系的族的族众担负戍守某地的军事任务，不会受到伤害吗？"占卜的结果是吉利。

『戍马』卜辞

惟戍、马乎众往？

第三期
《甲骨文合集》27966

辞语解析

1. 马，字作"𩇵"形，突出马鬃和长脸之形，为象形字。这里指马队或骑兵。从其后的"乎"字看，该"马"的字义不是指马匹，而是指骑兵部队。考古证据表明，殷代已有骑兵，因为在殷墟发掘中，发现了人马合葬墓，墓中埋有一人一马一犬，同时随葬有戈、短刀、弓箭以及供驾驭马匹的马衔、弓形器、青铜马策、装饰马头的各种饰物等，表明该墓的主人生前曾为骑兵。

卜辞大意

这是一条反映商王朝军队戍和骑兵的卜辞。大意为："商王命令戍守部队和骑兵部队一起前往（某地）吗？"

『成興』卜辞

1 戍興，伐卲方，食……

2 ……于方既食，戍迺伐，戋……

第三期

《甲骨文合集》28000

辞语解析

1. 興，即"兴"字，作"🖐""🖐"形，象四手各执盘中一角抬起状，故字的本义为"起"。该字在甲骨文中有多义，或作方国名、人名、地名，抑或作祭名等。本辞用作动词，义为"兴起""起动"。

2. 卲方，方国名。

3. 食，字作"🍚""🍚"等形，象食物在某种器物中且上有器盖形。甲骨文中，"食"多与时称有关，如"大食""小食"。古代一日两餐，前者指上午之餐的时段，后者指下午之餐的时段。大食在卜辞中又可称为"食日"，指上午之餐之时，如"自旦至食日不雨？食日至中日不雨？"（《屯南》42）可证。本辞中前条卜辞中的"食"后辞残，或为"食日"。

4. 既食，即进餐之后。"既"字作"𱛪""𱛫"等形，象一人扭头离开食器之形，表示进食已毕。郭沫若则认为"既"为祭祀名。

5. 迺，字作"𱘗""𱘘"等形。副词，字义与今天的"乃"字相近，作"于是""就"讲。

卜辞大意

　　这也是一条反映商代戍守部队情况的卜辞。大意为："戍守部队于进餐后开始起动前往征伐𬱃方，会不会给敌方造成重创？"

『戌执』卜辞

壬戌卜，狄贞：惟戌乎执？

第三期

《甲骨文合集》28011

辞语解析

1. 狄，字作"𠂤"形，为第三期甲骨文贞人名。

2. 执，字作"𡒄""𡒄"等形，象用刑具钳制跽跪人的两腕之形，义为拘捕罪人或俘虏，引申为凡被捕执之人也称"执"。此处用作动词。

卜辞大意

　　这是一条有关戌守部队执行任务的卜辞。大意是，壬戌日占卜，贞人狄贞问："让戌守部队去执行拘捕任务吗？"

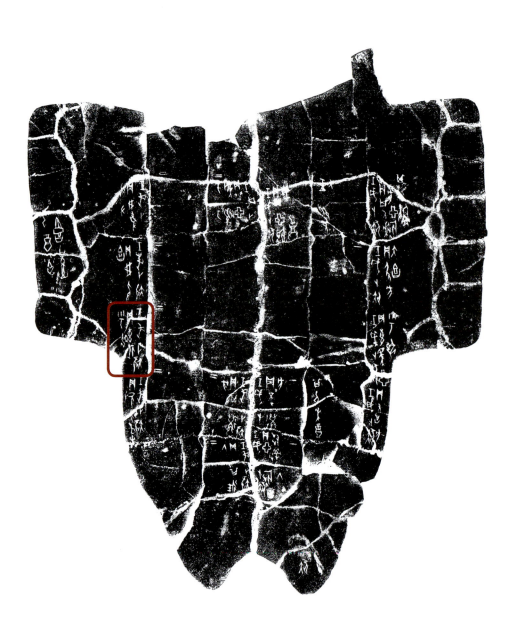

（五）族

『王族』卜辞

己亥贞：令王族追召方，及于……

第四期
《甲骨文合集》33017

辞语解析

1. 令，字作"🍴"等形，象人跪着接受命令状，本义为命令。

2. 王族，指与商王血缘关系很近的子姓宗族。殷民以族为单位，文献上明确记载有殷民"六族""七族"。殷墟考古发现也证明情况确是如此，他们生前聚族而居，死后聚族而葬。族中的成年男子平时从事各种生产劳动，战时应征成为战士，组成军队对外出征。因此，殷商时期的"族"，实际上也是一种军旅组织。本辞中的"王族"，应该是指由王族成员所组成的军事武装部队。

3. 追，字作"�archaicform""𓂡"等形，从自从止，义为追赶，《说文》："追，逐也。"在甲骨文中，"追"与"逐"的对象有所不同，"追"的对象是人，"逐"常用在田猎刻辞当中，其对象为野兽。

4. 召方，召字作"𓎢"形。方国名，殷商晚期劲敌之一。

5. 及，字作"𓏲"形，象人手触及人的后背状，故本义为至、到、追上、赶上。

卜辞大意

　　这是一条有关贵族军队的卜辞。大意是，己亥日卜问："商王下令让王族组成的军队去追赶召方至某地吗？"

『三族』卜辞

己亥，历贞：三族王其令追召方，及〔于〕𠬝？

第四期
《甲骨文合集》32815

辞语解析

1. 历，字作"𣆪"等形，第四期贞人名，其所在的卜辞组被称为"历组卜辞"。该组卜辞的归属问题在甲骨学界引起了很大争论，至今未息。有学者认为其为第四期，属武乙、文丁时期；还有学者认为其应提前至第一期武丁时期。此处我们仍遵循传统分期法，将其归入第四期。

2. 三族，指三个族的族众，同"五族"一样，三族也是军旅组织，是一种族武装。

3. 𠬝，不识，地名。

卜辞大意

　　这是一条反映商代地方贵族武装军队的卜辞。大意是，己亥日占卜，贞人历卜问："商王命令三族武装追击召方至𠬝地吗？"

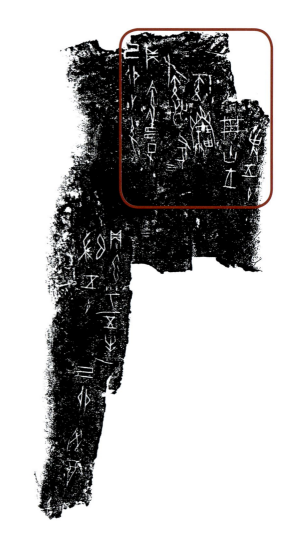

第一期

《甲骨文合集》6812正

辞语解析

1. 允，字作"𠂤"形，甲骨文第一期贞人名。

2. 多子族，商人子姓，多子族即多个与商王同姓、血缘关系近的子姓之族，在本辞中多子族是一种军事组织。

3. 犬侯，名犬的诸侯。犬字作"犭"形，突出其卷尾特征，为象形字。商代的职官实行内、外服制，侯、伯、子、男等属于外服。在甲骨文中，称"侯"称"伯"者均有30位左右。

4. 寇，字作"𡨥"等形，郭沫若所释，义为寇伐，又释为"宝"，通"保"；唐兰释为"璞"，假借为"撲"，义为征伐，其他还有多种解释。

5. 周，字作"囲"等形，方国名，即发源于陕西周原一带，后来推翻商王朝的周族。甲骨文中，"周"是商的方伯之一，与商的关系时好时坏。

6. 叶王事，卜辞成语，义为勤劳王事。

卜辞大意

　　这是一条关于商代贵族部队征伐的卜辞。大意是，己卯日占卜，贞人允贞问："商王命令多子族组成的族军和犬侯的军队一起去征伐周人，这样能够协力勤劳王事吗？"卜问时间为五月。

（六）使、犬

『立使』卜辞

丙申卜，㱿贞：立史，乎取于……

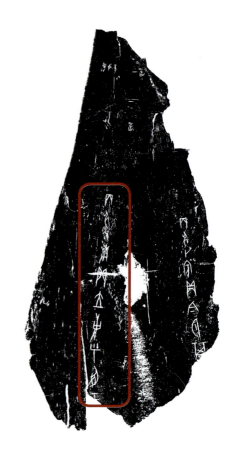

第一期

《甲骨文合集》5509正

辞语解析

1. 立史，"史"通"使"，"立使"即设立使臣。甲骨文中的"立"，作"🔺"形，象人正面立于大地上，本义为站立，引申为树立、建立，如"立中"；或作"位"讲，如"侑于十立，伊又九"（《粹》194）；又作"莅"讲，义为来到。有学者认为"立使"即"涖事"，义为莅临某地处理王事。甲骨文的"史"字作"🔸""🔸""🔸"等形，象手举簿册或使节类东西记事或出使状，故在卜辞中，其义或作"史官"，或作"使臣""出使"，或作"事""吏"讲，据辞而定。本辞中的"史"义为"使臣""使者"。但殷商时期的"使"，不仅指单个使臣，胡厚宣经过研究，认为商代出使某地的使臣有时是一个武装团体。卜辞中有"使"获羌的卜问，如"贞：在北，使有获羌？贞：在北，使亡其获羌？"(《合集》914正)，可以证明商代的"使"并非单人一骑，而是一个团体，并且具备武装，否则不能擒获羌人。故胡厚宣的说法显见是可信的。

2. 取，甲骨文中作"𤔲"等形，象以手持耳。卜辞中多义，一作祭名，如"辛酉卜，王祝于妣己，迺取祖丁？"(《合集》19890)；一作娶，如"辛卯卜，争贞：勿乎取郑女子？"(《合集》536)；一作取得、获取，如"丁巳卜，争贞：乎取荷刍？"(《合集》113正甲)。本辞的"取"乃是祭祀名称，为古时积木燎祭神祖之祭。

卜辞大意

　　这是反映商代特殊武装团体"使"的卜辞。大意是，丙申日占卜，贞人殷贞问："设立使臣，商王下令在某地进行取祭吗？"

『立三大使』卜辞

壬辰卜，宾贞：立三大使？六月。一

甲骨卜辞菁华·军制篇

第一期

《甲骨文合集》5506

辞语解析

1. 三大使，指三个大的使团，或指左、中、右三使。卜辞中有"乙未卜，宾贞：立使于南，右从我，中从舆，左从曾？十二月"（《合集》5504）的记录，可见其形式如同左、中、右师和旅一样，带有军事武装的性质。

卜辞大意

　　这是一条有关商王朝设立武装使团的卜辞。大意是，壬辰日占卜，贞人宾卜问："是否在某地设立（左、中、右）三大使团？"卜问时间为六月。

『多犬卫』卜辞

［己］酉卜，亘贞：乎多犬卫？

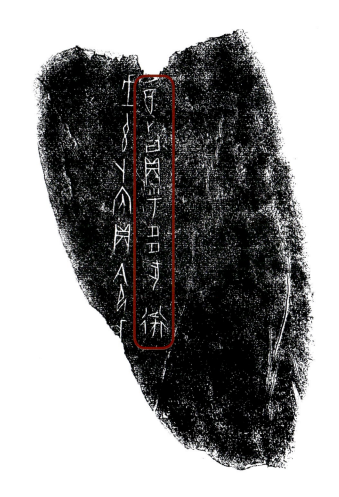

第一期

《甲骨文合集》5665

辞语解析

1. 亘，字作"彐"形。第一期贞人名。

2. 多犬，指多位犬官。多字作"彡"形。甲骨文中，"犬"是一种官职，担负商王和军队田猎或征战时侦察兽情和敌情的任务，是先导部队。

卜辞大意

　　这是一条反映商代特殊武装的卜辞。大意是，己酉日占卜，贞人亘问："商王下令多位犬官率部去守卫某地吗？"

二　兵制

（一）共、登、眔

『共人』卜辞

三 丁酉卜，㲋贞：今春王共人五千征土方，受有佑？三月。

第一期

《甲骨文合集》6409

辞语解析

1. 春，字作"✳"等形，该字的释读众说纷纭，或释"春"，或释"秋"，或释"者"，或释"载"，或释"屯"，或释"兹"等，迄今未有定论。在此我们暂采用"春"字说。

2. 共，字作"✳"等形，象两手供奉之形，即《说文》所说的"竦手"。甲骨文中其字义为供给、聚集、征集，常见的"共人"就是征集兵员。从甲骨卜辞可知，殷商时期的兵制存在常备兵制和临时征集制两种形式。师、旅可能是常备兵，族武装则实行征集制。族众平时在族内从事生产劳动，遇有战事，则被征召为战士，外出征伐。

3. 五千，征集兵员的数量。在甲骨文中，常见的征召兵员数为"三百""千"（即一千人）"三千""五千"，因商代实行十进制，故殷商时期的军队兵员人数以百、千人为编制单位。但在此问题上，学者们意见不一。

4. 土方，位于殷王朝西部的敌对方国。

5. 受有佑，卜辞成语，义为受到神祖的保佑。

卜辞大意

　　这是一条记载有关商王朝征兵制度的卜辞。大意是，丁酉日占卜，贞人殼贞问："今年春天商王征召五千兵士征伐土方，能够受到神祖们的保佑吗？"卜问时间是三月。

『登人』卜辞

丙午卜，㱿贞：登人三千乎［伐］……

第一期

《甲骨文合集》6172

辞语解析

1. 登，字作"㿟"等形，象两手捧器呈上形。杨树达认为其通"徵"，义为征召，与"共"同义。古代将要征伐，必先聚众，"登人"即战前征集兵员。

2. 三千，字作"𦰩"形，二字乃合文形式。甲骨文的合文是指两个或三个字合到一起，占用一个字的地方，为卜辞常见，常用于表示数字和商先公先王的名字，这也是甲骨文字的一个显著特点。合文的形式有上下合的，有左右合的，有内外合的等，如"𡘳"（五十，上下合文），"𧥣"（三百，上下合文），"𡕹"（小乙，上下合文）；"𨐅"（祖乙，左右合文）；"𠱃"（报丁，内外合文）；"𡆥"（十三月，三字合文）等。

卜辞大意

这也是一条记录商代实行征兵制的卜辞。大意是，丙午日占卜，贞人𣪊贞问："征召三千人命令其去征伐某方，（能否受到神祖保佑？）"

『登妇好三千』卜辞

辛巳卜，[殻] 贞：登[妇] 好三千，登旅一万，乎伐□[方]？

第一期

《英国所藏甲骨集》150正

辞语解析

1. 妇好，字作"乎乎"，为商王武丁王后之一。登妇好三千，义为妇好征集三千兵员。

2. 登旅，即征召军旅兵众。

3. 一万，数目字。甲骨文"万"字作"乎"等形，象毒虫蝎子。辞中的一万为合文形式。本辞中的登人数字合起来为一万三千，是甲骨文中出现的最大的兵员数字，而其统帅则是妇好，故不少人认为妇好是我国古代最早的女将军，巾帼英雄。

卜辞大意

这是一条关于商王朝征集兵员的卜辞。大意是，辛巳日占卜，贞人[殻]贞问："妇好征召一万三千军旅兵众，征伐某方吗？"

『登下危人』卜辞

贞：今［春］登下危人乎尽伐，受有佑？

甲骨卜辞菁华·军制篇

第一期
《甲骨文合集》7311

辞语解析

1. 下危，方国名，又称危方，其与商王朝关系好坏不定。"危"字作"ᒷ""ᒥ"等形，为于省吾所释。本辞中的"登下危人"反映出殷商时期友好方国有义务为商王朝提供兵员，供其驱使，为其征战。

2. 尽，字作"ᒻ""ᒼ"形，象手拿洗涤之物清洁器物状，故有终尽之义，此字为罗振玉所释。古籍中的"尽"训为"终""止"，故刘钊认为"尽伐"义为"彻底地杀伐"。

卜辞大意

这是一条反映商代征兵制的卜辞。大意是，卜问："今春征召下危方国的兵众，让其去彻底地杀伐某方，能受到神祖保佑吗？"

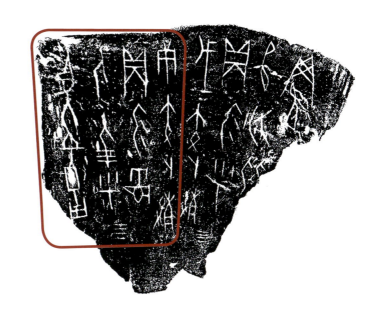

『**冒人**』卜辞

庚寅卜，㱿贞：勿冒人三千乎望舌［方］？

第一期

《甲骨文合集》6185

辞语解析

1. 冒，字作"囧"形，该字无确释，学者们或释"省"，或释"视"，或释"雾"，均不达意。此字用法与卜辞中"登""共"相同，其义也应为征召、征集，如此，"冒人"，征兵是也。

2. 望，字作"𦥯""𦥔"等形，象一人立于土丘之上极目远眺形。义为远望、瞭望，引申为侦视、观察、监视。本辞里的"望"即是此义。

3. 舌方，舌字作"𠯑"，或释邛方、工方等。卜辞习见，为殷人强敌之一，地在殷之西北。商王朝武丁时期与之多次征战，甲骨文中常有殷人征集兵众而伐舌方的记录。

卜辞大意

　　这也是关于商代征兵制度的卜辞。大意是，庚寅日占卜，贞人㱿贞问："不征召三千族众去监视舌方吗？"

『畄以众』卜辞

贞：王勿令畄以众伐舌方？

甲骨卜辞菁华·军制篇

第一期

《甲骨文合集》28

辞语解析

1. 众，字作"⺈"等形，有作日下三人形的，也有作日下二人形的。"众"和"众人"在甲骨文中是指一种人，从事农业生产、狩猎、手工业制作、战争等，但其未作过祭祀牺牲，有时还受到商王关心。对其身份，学术界颇有争议，至今未有确论。一说是奴隶，郭沫若首先提出；赵锡元则认为"众"是家长制家庭公社成员；斯维至认为"众"是自由民；裘锡圭认为"众"是平民、族众，等等，不一而足。从甲骨文记载情况看，"众"显然不是毫无人身自由的奴隶，但也不是有的学者说的奴隶主。其地位不高，受"小众人臣"领导，集体参加农作活动，是商代主要劳动者。从商代的社会结构看，其为族众的可能性更大一点。本辞由卜辞里诸侯显贵"畄"致送"众"用于征伐舌方，"众"或是指畄的族众。

2. 伐，该字也有人释"戋"，本辞中其虽患漫不清，细审应为"伐"字，即征伐义。

卜辞大意

这是一条有关商代兵员来源的卜辞。大意是卜问商王要不要命令大臣畄致送其族众征伐舌方。

『登射百』卜辞

丙午卜，永贞：登射百令莫［旋］［自］……

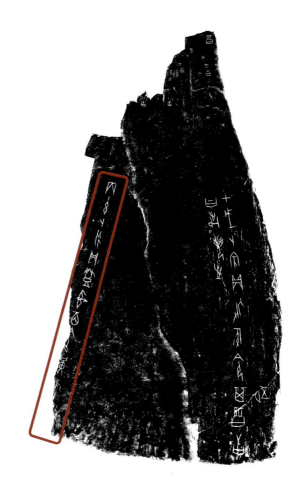

第一期

《甲骨文合集》5760正

辞语解析

1. 永，字作"𠂤""𠂤"等形。甲骨文第一期贞人名。

2. 射，字作"𢎨""𢎨"等形，本义为弓箭，引申为射手，商代兵种之一，负责弓射。甲骨文的"射"字非常形象，正是引弓搭箭的描绘。从卜辞记录来看，多见"百射""三百射"，说明商代的弓射部队编制往往是以百为单位的。

3. 莫，字作"𦰩"形，读作"艱"，有灾咎之义。

卜辞大意

这是一条反映商王朝征集射手的卜辞。大意是，丙午日占卜，贞人永贞问："征召一百名射手让其去杀伤敌方吗？"

『肇旁射』卜辞

1 戊辰卜，内贞：肇旁射？

2 勿肇旁射？

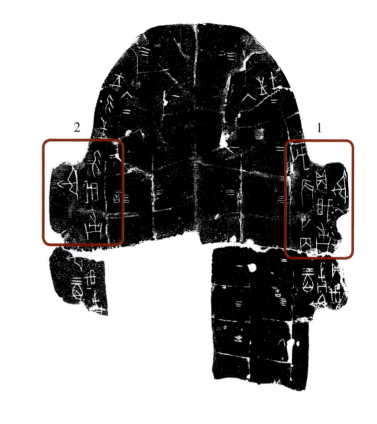

甲骨卜辞菁华·军制篇

第一期

《甲骨文合集》5776正

辞语解析

1. 内，字作"閃"形。甲骨文第一期贞人名。

2. 旷，旧多释为"启"，为"肇"的初文，但此字所从并非"启"字所从之"户"，从其他辞例来看，此处该字具有抵御、防护之义。

3. 旁，字作"旁"形，地名或方国名。作为方国，旁方与商王朝时敌时友。本辞中的"旁"字头朝下契刻，是甲骨文中的"倒书"文例，这种现象在甲骨文中虽然存在，但并不多见。

卜辞大意

这是一条有关商王朝拥有弓箭部队的卜辞。大意是，戊辰日占卜，贞人内卜问："是否要设立防御旁方的弓箭手队伍？"

『吴以射』卜辞

癸丑卜，争贞：吴以射？

第一期
《甲骨文合集》5761

辞语解析

1. 以，字作"𠂤""𠃊"等形，本义为人手携物相送。对此字的考释，甲骨学界过去诸说纷纭，但以释"以""氏"为是，其义引申为致送、贡献。"以射"即致送射手。前已提到，吴是商王朝的诸侯，又是朝中大臣，在征战需要时，其有义务为商王朝提供一切，贡献弓箭手等兵众自然也是内容之一。由此可知，在当时的政治格局中，商王是最高权力的拥有者，可以号令诸侯，并向他们索取需要的一切。

卜辞大意

这是一条反映商代征集射手的卜辞。大意是，癸丑日占卜，贞人争贞问："吴侯把射手送过来了没有？"

『妇好共人』卜辞

乙酉卜，争贞：乎妇好先共人于庞？

第一期

《甲骨文合集》7288

辞语解析

1. 妇好，商王武丁王后之一，甲骨文中著名的女性人物，地位显赫。因其死后庙号为"辛"，故称其为"后母辛""母辛""妣辛"等。在卜辞中，她有自己的封地，曾带兵出征、主持祭祀等。商王对妇好十分关心，亲自为其封地农业丰收、生男育女等事多次占卜，死后将其葬在殷墟宫殿区内。1976年，妇好墓被考古工作者发现并进行了发掘，由于该墓保存完好，未曾被盗扰，因此墓中出土了大量精美的青铜器、玉器、骨器等文物，震惊中外。妇好墓是当时发现的唯一一座人名与甲骨文记载相合的殷代未被盗掘的贵族墓葬，意义十分重大。

2. 先，字作 "㞢" "㞢" 等形，从止从人，表示人抬足前进义。引申为先后之
   "先"，与 "后" 相对。本辞中的 "先" 字从卜辞刻写情况看，是原来漏掉了，
   后来发现又补刻上去的，这属于甲骨文中的 "漏字补刻" 文例。
3. 庞，字作 "㕁" 形，地名。

卜辞大意

这是一条反映商代征集兵士的卜辞。大意是，乙酉日占卜，贞人争贞问：
"商王命令妇好先行在庞地征召兵众吗？"

（二）职官

第一期
《甲骨文合集》5690

辞语解析

1. 亚，字作"✚"形，官职名。卜辞中有"亚阜"（《粹》1178），郭沫若认为："亚殆阜之官职。殷有官职曰亚，周人沿袭其制。"《尚书·酒诰》："百僚庶尹，惟亚惟服。"《诗·周颂·载芟》："侯主侯伯，侯亚侯旅。"从这些记载来看，"亚"在商周都是重要的官职之一，而且与军旅有关，如《尚书·牧誓》："亚旅师氏"，亚与军事职官放在一起。从甲骨文看，担任"亚"职的除阜之外，还有"雀"（《甲》3942）等，也是商王朝显贵人物。

2. 若，字作"🙋"形，象一人跪而梳理头发使之顺然状。《尔雅·释言》："若，顺也。"《释诂》："若，善也。"故若有顺善、顺意义。也通"诺"，有允诺之义。

3. 亡不若，卜辞成语，意思是没有不顺的，即顺利、美善。

4. 十二月，作"🈁""🈁"等形，三字为上下左右合文，本卜辞中"二"在上，"十"在下右，"月"在下左。

卜辞大意

　　这是一条反映商代军事职官的卜辞。大意是，甲申日占卜，贞人争贞问："（军职）亚官没有不顺利之事吗？"卜问时间在十二月。

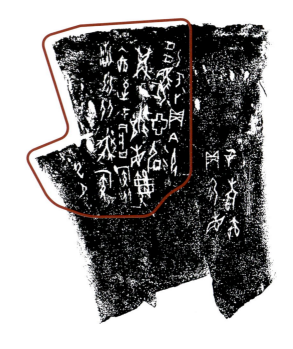

「多马亚」卜辞

乙亥卜，贞：令多马亚祝遘赫省陕向，至于仓侯，从𡿨水，从垂侯？九月

第一期
《甲骨文合集》5708正

辞语解析

1. 多马，指武装组织中的马军、马队。甲骨文中有其田猎的记录，如"乎多马逐鹿，获？"（《合集》5775），也有令其执行防卫任务的占卜，如"遘致多马卫？"（《合集》5712）。"亚"为官职，"多马亚"应即主管马军的武官。"亚"后一字"祝"应是其私名。

2. 赫，贵族人名。

3. 省，字作"𥄗"等形，在卜辞中有巡视、视察、观看之义。

4. 向，字作"仓"形，象仓廪之形，释为"廪"，"陕向"即陕地之廪。

卜辞大意

这是一条记录商代军事职官的卜辞。大意是，乙亥日卜问："命令马军统领祝与贵族赫汇合，一起巡查陕地的仓廪，到仓侯之地后再沿𡿨水前行并带上垂侯吗？"卜问时间为九月。

『小多马羌臣』卜辞

丁亥卜，宾贞：惟羽乎小多马羌臣？十月

甲骨卜辞菁华·军制篇

第一期
《甲骨文合集》5717正

辞语解析

1. 羽，字作"羿"形，贵族私名。

2. 多马羌，军队兵种组织之一，兵员可能与羌人有关或与伐羌有关。甲骨文中有其参加军事活动的占卜，如"令多马羌御方？"（《合集》6761）。

3. 臣，甲骨文字作"臣"形，为竖目状。郭沫若认为人首俯则目竖，有一定的道理。"臣"即臣僚之义，指官职。甲骨文中记载有多种臣名，如"小臣""小众人臣""小藉臣""小刈臣""马小臣""多臣"，以及人名加臣等，均为王朝的内服事务类官员。"小多马羌臣"即负责统领多马羌队伍的武官。

卜辞大意

　　这是一条反映商代武职的卜辞。大意是，丁亥日占卜，贞人宾卜问："贵族羽命令掌管多马羌部队的官员去做什么事吗？"卜问时间是十月份。

三 军种

（一）步兵

『步伐吾方』卜辞

□子卜，宾贞：畁乞步伐吾方，受有佑？十二月

第一期
《甲骨文合集》6292

辞语解析

1. 乞，字作"三"形，于省吾认为："甲骨文之三即今气字，俗作乞。"乞在此义为乞求、请求。

2. 步伐，胡厚宣认为："步伐者，不驾车，不骑马，以步卒征伐之也。"即使用步兵这一兵种进行征伐。在商王朝军队的编制中，"行"的建制也是指步兵。

卜辞大意

　　这是一条反映商代兵种的卜辞。大意是，□子日占卜，贞人宾贞问："贵族畁请求率领步兵讨伐吾方，会受到神祖保佑吗？"卜问时间在十二月。

辞语解析

1. 𨛜，即"作"字。"作"在甲骨文中用法大致有三种：一作建造、制造义，如"甲午贞：其令多尹作王寝？"（《前》四·一五·五）；二是有"则"义，如"我其巳宾作帝降若？我勿巳宾作帝降若？"（《前》七·二八·一）；二是作祭祀名称，如"庚申卜，争贞：作大丁？"（《粹》一七二）。"作"义为作祭，即古代的"酢"祭。本辞的"𨛜"即用此义。

2. 余酚，"余"，字作"令"形，商王自称。甲骨文中，商王自称或曰"我"，或曰"朕"，或曰"余"，或曰"余一人"。"酚"，字作"𨛜"形，用酒祭祀。"余酚"即商王用酒进行酢祭之义。

3. 余步，即商王率步军自行前往之义。

4. 从侯喜，侯字作"⻊"形，此指爵位，指诸侯。喜字作"⻊"形，为侯的私名。义为商王率领名喜的诸侯，也有学者释"从"为"比"，则义为商王随同诸侯喜。

5. 征，字作"⻊"，此字在甲骨文中或释为"正"，指正月；或释为"征"，即征伐；或释为"足"，义为足够。

6. 人方，方国名，也释"尸方""夷方"。殷商晚期主要的敌对方国之一，位于殷商王朝东南部淮河流域一带。

卜辞大意

　　这是记载商代步军征伐的卜辞。大意是，甲午日商王亲自占卜："用酒进行酹祭，我亲率步兵和诸侯喜前往征伐人方，能够（获得神祖保佑吗）？"

2　　　　　　　　　　　　　1

『王其步伐』卜辞

1 庚寅卜，宾贞：今春王其步伐人？

2 庚寅卜，宾贞：今春王勿步伐人？

甲骨卜辞菁华·军制篇

第一期

《甲骨文合集》6461正

辞语解析

1. 此辞之"人"即人方之省称。人方，方国名。也有学者释"尸方""夷方"的。
人方地望，饶宗颐认为"当在今河南境"。

卜辞大意

　　这是一条关于商代兵种的对贞卜辞。大意是，庚寅日占卜，贞人宾贞问："今年春天商王率领步军去讨伐尸方吗？""今年春天商王不率领步军讨伐尸方吗？"

　　本条卜辞是甲骨文中多见的正反对贞卜辞，即殷人对事情的正、反两面进行占卜贞问，以获得最佳占卜结果。

三
军
种

（二）骑兵

『先马』卜辞

贞：勿先马？

甲骨卜辞菁华·军制篇

第一期

《甲骨文合集》5726

辞语解析

1. 先马，甲骨学界有不同解释，有的认为是指骑士，孙海波认为是指职官，孟世凯认为指先导、先驱。笔者以为，"先马"或是马先的倒装，"马"应如于省吾所释，是指骑士、马队。殷墟考古发掘证明，殷商时期已有骑兵存在。1936年第十三次殷墟发掘时，发现一个人马合葬墓（M164），墓葬中除埋有一人一马之外，还有一套兵器和一条犬以及一件玉刺。发掘者石璋如认为墓中的死者就是当时的一个骑士。如此说来，殷商时期的骑兵也是军事组织中的兵种之一。

卜辞大意

这是一条反映商代骑兵的卜辞。大意是，卜问要不要让马军先行出动。

『肇马』卜辞

丙申卜，贞：肇马，左右中人三百？六月

75

三 军种

第一期

《甲骨文合集》5825

辞语解析

1. 肇，字作"叿"等形，从戈从户，以戈破户之义，本义为击打、开启。

2. 马，此处指马队、骑兵。王宇信认为，关于甲骨文中的"马"，有"车马"和"人马"之分。车、马相连称的是战车，单言马的指骑士，为人马。本辞中的"马"应该是指人马。从该卜辞看，骑兵也分左、中、右三个编队。"左右中人三百"，正好是三个各一百人的马队。

卜辞大意

这是一条反映商代骑兵编制的卜辞。大意是，丙申日卜问："启动左、右、中共三百人的马队吗？"卜问时间在六月。

『族马』卜辞

惟族马令往？

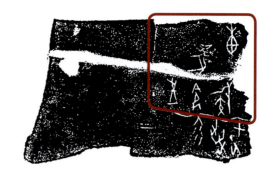

76

甲骨卜辞菁华·军制篇

第一期

《甲骨文合集》5728

辞语解析

1. 族马，官名，指某族中统领马军的军官。

2. 令，命令。

卜辞大意

这是一条有关商代武职的卜辞。大意为："族中马军统领下令前往吗？"

（三）水军

『羌舟启』卜辞

□□卜，宾贞：羌舟启，王⿱？

第一期
《甲骨文合集》7345

辞语解析

1. 羌舟，伐羌之舟，也可能指羌方之舟。这或许说明殷商时期，不仅商王朝拥有自己的水军舟兵，一些方国也可能建有舟船武装。

2. 启，字作"⿰" "⿰" 等形，本义为以手开启门户，义为启动。甲骨文中，"启"还被引申指天晴。这里用其本义，指羌人（或商王朝）的舟船出动。

3. ⿱，字不识，在此作为动词，或指商王针对战船启动而发出的军事指令。

卜辞大意

这是反映商代兵种的卜辞。大意是，贞人宾卜问："讨伐羌方的舟船（或羌人的战船）已经出动，商王发出战事命令吗？"

77

三 军种

『用泅』卜辞

惟微用泅☐于之若？戋叡方，不雉众？

第三期

《甲骨文合集》27996

辞语解析

1. 微，字作"☐"形，贵族私名。

2. 泅，字作"☐"形，指水中的船。商代已有舟船，并形成船队，甲骨文中的"☐"字就像水中船队航行状。本辞与征伐戋杀相联系，说明殷商时期已经建有舟船部队并用于军事作战。舟军当为商代兵种之一。

3. ☐，字不识，似为与河水同向顺流形，也可以将水的右边两列理解为船队。

4. 于之若，卜辞成语，即于此和顺、顺善义。

5. 叡，字作"☐"形，方国名，其地位于殷西。

卜辞大意

这也是一条记录商代兵种的卜辞。大意为："贵族微率领王室舟兵部队顺流而下，顺利吗？""重创叡方时兵众不会受到伤害吗？"

（四）射军

『多射衛』卜辞

令𩫏以多射衛示，乎□？六月

第一期

《甲骨文合集》5746

辞语解析

1. 𩫏，字作“□”形，象城郭望楼之形，即“郭”字，也有学者释为“墉”。甲骨文中该字也作人名或地名，如“癸卯卜，宾贞：令郭兹在京奠？”（《合集》6），“入二，在郭”（《合集》9282）。本辞用作人名，指郭族首领。
2. 多射，指众多射手。
3. 示，字作“丅”“丁”“□”等形，指神主牌位，卜辞中多用来指殷人先公先王。本辞用作地名。
4. □，不识，动词，与战争行动有关。

卜辞大意

这是一条有关商代征集弓箭手的卜辞。大意为：“商王命令郭族首领致送一批射手保卫示地，并下令采取某种行动吗？”卜问时间是六月。

『冒三百射』卜辞

□□〔卜〕，〔亘〕贞：冒三百射，乎……

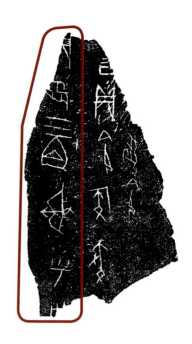

第一期

《甲骨文合集》5777

甲骨卜辞菁华·军制篇

辞语解析

1. 三百射，即三百名射手。在卜辞中，射的数量均是以百为单位，有"射百"的，如前引《合集》5760，但更多的是"三百射"，除本辞外，如《合集》5776、《乙》7661、《丙》83等，也都是"三百射"或"射三百"。之所以出现这种现象，有学者认为"射"是以战车一辆之射士为单位的编制，每辆兵车配一名射手，百射、三百射即是百辆、三百辆战车。由此可知，射兵是商代军事武装中重要的军种之一，有时也与兵车合编在一起，成为战车部队的组成成员。本辞中的"三百"也是上下合文，"三"字最下一横同时也是"百"字上面的一横。

卜辞大意

这是一条关于商代兵种及建制的卜辞。大意是，某日占卜，贞人亘问："征召三百名射手，让其去（讨伐敌方吗）？"

『取新射』卜辞

贞：取新射？

第一期

《甲骨文合集》5784

辞语解析

1. 新射，指新训练的射手，也可理解为指新地的射手。甲骨文中的"新"字作"𢆶"形，为"薪"字初文，义为伐木。卜辞中除用作初次出现的新旧之"新"外，也作为地名使用，如"使人于新"（《合集》5528），"自新𨞠"（《屯南》2119）。

卜辞大意

这也是一条反映商代兵种的卜辞。大意是，卜问是否要征取新训练好的射手（或从新地征取射手）。

（五）车军

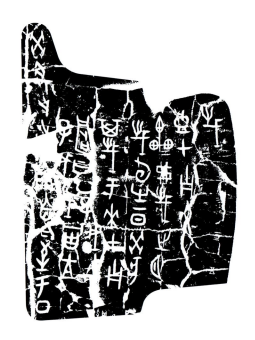

『车弗戋』卜辞

癸丑卜，[争] 贞：自今至于丁巳我戋宙？王占曰：丁巳我毋其戋，于来甲子戋，旬又一日癸亥车弗戋。之夕𥝱甲子允戋。

甲骨卜辞菁华·军制篇

第一期

《甲骨文合集》6834正

辞语解析

1. 宙，字作"宙"形，方国名或人名。

2. 毋，字作"毋"形，释为"母"，这里假借为副词，表示不要、禁止等否定的意思。

3. 来，字作"来""来"等形，本义是指麦子，后借用为来去的"来"。在表示时间段时，义为未来、将来。

4. 车，甲骨文的车字多见，为象形字，作"车""车""车""车"等形，多突出车轮等主要部件。殷墟发掘中，已经发现不少殷商时代车子实物，为两轮一辕双马形。本辞中的"车"出现在战争环境下，显然其为兵车无疑，亦可知商代已存在车兵这一兵种。

5. 之夕，卜辞成语，即这天晚上。之，此；夕，晚上、夜间。

6. 𥝱，是插在两个日名之间而构成词组的字，裘锡圭认为当读为"向"，与《诗经·庭燎》中的"夜向晨，庭燎有辉"的"向"同义，指即将天明的时候。

卜辞大意

这是一条记录商代建有战车部队的卜辞。大意是，癸丑日占卜，贞人〔争〕贞问："自占卜之日至丁巳日这段时间我们去征伐宙方国吗？"商王看了卜兆后判断说，丁巳日我们不要去，到将来的甲子日我们再行戕伐之事。一直到十一天后的癸亥日当天，战车也没有（对宙）给予攻伐。直到当晚黎明时分，也即甲子日才终于对宙方进行了攻伐。

这也是一条不多见的完整卜辞，具备叙辞、命辞、占辞、验辞四部分。

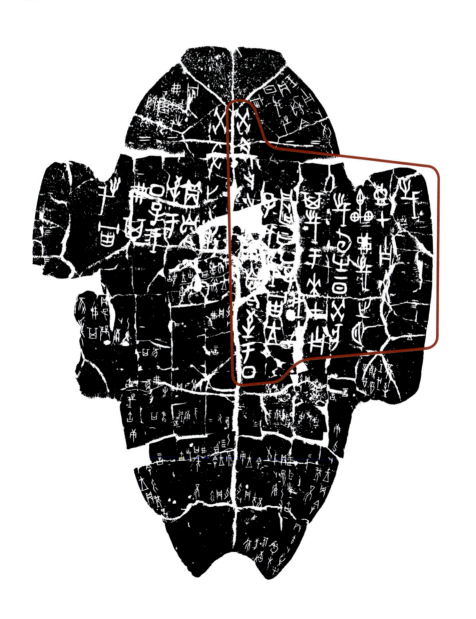

『车二丙』刻辞

……小臣艢从伐，叀危美……人二十人四，而千五七十，陵百……丙，车二丙，櫓百八十三，函五十，矢……又白麋于大乙，用阱白印……陵于祖乙，用美于祖丁，隻甘京，易……

第五期

《甲骨文合集》36481正

辞语解析

1. 小臣艢，小臣为商代官职名；艢为人名。本辞中，"小臣"二字作上下合文。

2. 叀，字作"🜚"等形，通"擒"，义为擒获。

3. 危美，危即危方，卜辞中其首领称"危伯"（《合集》28091），美，字作"🜚"形，为危伯私名。危又称"下危"，为殷人劲敌之一，其地在殷王朝西北。

4. 而，字作"🜚"等形，突出人颔下的胡须或颊毛，在此为方国名，卜辞中记录有"而伯"（《合集》6480）。或释"须"，沈建华认为须即古代的密须国，地在殷之西北。

5. 陵，即奚，方国名。奚族好养马，卜辞有其向商贡献白马的记录（《合集》9177），其地与危方近，也位于殷王朝西北。

6. 丙，字作“”形，天干第三位，本辞中作车、马的单位数，即“辆”和“匹”。

7. 白，字作“”形，甲骨文中或指白颜色，或读为“伯”，指外服方国的首领。

8. 橹，字作“”形，指大盾牌。

9. 函，字作“”形，指盛箭之器。

10. 麐，字作“”形，指花纹文丽的鹿，在此为人名。

11. 大乙，指商王朝开国之君成汤，甲骨文中的大乙为其庙号。此外，卜辞里的“成”“唐”“天乙”也均指成汤。

12. 用，字作“”形，动词，甲骨文中义为杀之作为牺牲用于祭祀。

13. [illegible]伯印，[illegible]为方国名，印为私名。“[illegible]伯印”即名印的[illegible]方首领。

14. 祖乙、祖丁，均为商之先王。

15. [illegible]，字作“”形，行宫一类的建筑，在此用为动词，义为驻跸。

16. 甘京，甘，地名；京，甲骨文字作“”“”等形，为人工建造的高台。

17. 易，字作“”等形，通“赐”，义为赏赐。

卜辞大意

这是一条反映殷商时期战车部队参与征战的甲骨刻辞。大意为：小臣䵼跟随商王出征，擒获了名叫美的危方首领和二十四名俘虏，歼灭而方一千五百七十人，俘获㥯方马若干匹和战车两辆，大的盾牌一百八十三个，箭袋五十个，箭若干。用名麐的又方首领祭祀大乙成汤，用名印的[illegible]方首领祭祀某位商之先王，用㥯方首领祭祀祖乙，用危方首领美祭祀祖丁。商王驻跸于甘地高台行宫，开始赏赐（有功人员）。

本辞是一篇骨板记事刻辞，正反两面均有刻辞，反面为干支表，正面记录了某次战争所获和献俘礼仪，辞中虽然涉及众多人物和战利品，但叙述有条不紊，脉络清晰，明显有叙事散文的风格。此外，本辞还是研究殷商时期军礼的重要资料。同时说明，殷代在战争中，已经使用战车作战，本辞记录的两辆车无疑就是从战场缴获的战车。

甲骨卜辞菁华·军制篇

简称	全称
《丙》	《殷虚文字丙编》
《补编》	《甲骨文合集补编》
《粹》	《殷契粹编》
《村中南》	《殷墟小屯村中村南甲骨》
《东京》	《东京大学东洋文化研究所藏甲骨文字》
《合集》	《甲骨文合集》
《后》	《殷虚书契后编》
《花东》	《殷墟花园庄东地甲骨》
《怀特》	《怀特氏等收藏甲骨文集》
《甲》	《殷虚文字甲编》

《戬》　　　　　　　《戬寿堂所藏殷虚文字》

《菁》　　　　　　　《殷虚书契菁华》

《库》　　　　　　　《库方二氏藏甲骨卜辞》

《明藏》　　　　　　《明义士收藏甲骨文集》

《前》　　　　　　　《殷虚书契前编》

《苏德》　　　　　　《苏、德、美、日所见甲骨集》

《天理》　　　　　　《（日本）天理大学附属天理参考馆藏品·甲骨文字》

《铁》　　　　　　　《铁云藏龟》

《屯南》　　　　　　《小屯南地甲骨》

《邺初下》　　　　　《邺中片羽初集下》

《乙》　　　　　　　《殷虚文字乙编》

《佚》　　　　　　　《殷契佚存》

《英藏》　　　　　　《英国所藏甲骨集》

参考文献

一、著作

陈剑：《甲骨金文考释论集》，线装书局，2007年。

陈梦家：《殷虚卜辞综述》，中华书局，1956年。

［清］段玉裁：《说文解字注》，上海古籍出版社，1981年。

郭沫若：《卜辞通纂》，日本文求堂书店出版，1933年。

郭沫若：《甲骨文字研究》，日本大东书局，1931年。

郭沫若：《十批判书·古代研究的自我批判》，人民出版社，1954年。

郭沫若：《殷契粹编考释》，日本开明堂株式会社石印本，1937年。

罗振玉：《殷虚书契考释》，《殷虚书契考释三种》，中华书局，2006年。

孟世凯：《甲骨学辞典》，上海人民出版社，2009年。

屈万里：《殷墟文字甲编考释》，台北"中央研究院"历史语言研究所出版，1961年。

饶宗颐：《殷代贞卜人物通考》，香港大学出版，1959年。

商承祚：《殷契佚存》，金陵大学中国文化研究所影印本，1933年。

孙海波：《诚斋殷墟文字》，北平修文堂出版，1938年。

孙海波：《甲骨文录》，河南通志馆影印本，1937年。

王襄：《簠室殷契类纂·正编第七》，天津博物院，1920年。

王宇信、杨升南主编：《甲骨学一百年》，社会科学文献出版社，1999年。

王宇信等主编：《甲骨精粹释译》，云南人民出版社，2004年。

杨树达：《积微居甲文说 卜辞琐记》，中国科学院，1954年。

姚孝遂、肖丁：《小屯南地甲骨考释》，中华书局，1985年。

于省吾：《甲骨文字释林》，中华书局，1999年。

于省吾主编：《甲骨文字诂林》，中华书局，1996年。

郑杰祥：《商代地理概论》，中州古籍出版社，1994年。

中国国家博物馆编：《中国国家博物馆馆藏文物研究丛书·甲骨卷》，上海古籍出版社，2007年。

二、论文

陈炜湛：《"历组卜辞"的讨论与甲骨文断代》，《出土文献研究》，文物出版社，1985年。

陈炜湛：《甲骨文异字同形例》，《古文字研究》第六辑，中华书局，1981年。

寒峰：《甲骨文所见的商代军制数则》，胡厚宣：《甲骨探史录》，生活·读书·新知三联书店，1982年。

胡厚宣：《殷代的史为武官说》，《全国商史学术讨论会论文集》，《殷都学刊》增刊，1985年。

胡厚宣：《殷代舌方考》，《甲骨学商史论丛》初集，河北教育出版社，2002年。

刘钊：《卜辞所见殷代的军事活动》，《古文字研究》第十六辑，中华书局，1989年。

裘锡圭：《关于商代的宗族组织与贵族和平民两个阶级的初步研究》，《文史》第17辑，中华书局，1983年。

裘锡圭：《释殷墟卜辞中的"𥃩、𥃵"等字》，香港中文大学中文系编：《第二届国际中古文字学术研讨会论文集》，1993年。又收入《裘锡圭学术文集·第一卷》，复旦大学出版社，2012年。

沈建华：《重读小臣牆刻辞——论殷代的西北地理及其有关问题》，中国国家博物馆编《中国国家博物馆馆藏文物研究丛书·甲骨卷》，上海古籍出版社，2007年。

石璋如：《小屯殷代的成套兵器》，《历史语言研究所集刊》第22本，台北"中央研究院"历史语言研究所，1950年。

斯维至：《关于殷周土地所有制问题》，《历史研究》1956年第4期。

王宇信：《甲骨文"马"、"射"的再考察——兼驳马、射与战车的相配置》，《第三届国际中共古文字学研讨会论文集》，香港中文大学出版，1997年。

严一萍：《殷商兵制》，《中国文字》新七期，台北艺文印书馆，1983年。

姚孝遂：《甲骨刻辞狩猎考》，《古文字研究》第六辑，中华书局，1981年。

叶玉森：《研契枝谭·前释·卷一》，《学衡》1929年第31期。

喻遂生：《语法研究与卜辞训释》，《绵阳师范学院学报》2007年第4期。

赵锡元：《试论殷代的主要生产者"众"和"众人"的身份》，《东北人民大学人文科学学报》1956年第4期。